잘

잃어버리길
바랍니다

잘 잃어버리길 바랍니다

초판 1쇄 발행 2025년 2월 17일

지은이 유시은
펴낸이 장현수
펴낸곳 메이킹북스
출판등록 제 2019-000010호

디자인 윤목화
편집 윤목화
교정 안지은
마케팅 김소형

주소 서울특별시 구로구 경인로 661, 핀포인트타워 912-914호
전화 02-2135-5086
팩스 02-2135-5087
이메일 making_books@naver.com
홈페이지 www.makingbooks.co.kr

ISBN 979-11-6791-674-7(03810)
값 16,800원

ⓒ 유시은 2025 Printed in Korea

잘못된 책은 구입하신 곳에서 바꾸어 드립니다.
이 책의 전부 또는 일부 내용을 재사용하려면 사전에 저작권자와 펴낸곳의 동의를 받아야 합니다.

이미지: Freepik.com. 이것은 Freepik.com의 리소스를 사용한 디자인을 모두 포함합니다

메이킹북스는 저자님의 소중한 투고 원고를 기다립니다.
출간에 대한 관심이 있으신 분은 making_books@naver.com으로 보내 주세요.

잘

잃어버리길
바랍니다

유시은 에세이

메이킹북스

프롤로그

난 L을 찾아야만 했다.
L을 찾기 시작한 지 14년이 지난 지금도
나는 그가 분명 존재한다고 믿고 있다.

그를 처음 찾기 시작했던 건 13살 친구의 집에 불이 났을 때였다.

14살 정문 앞에서 똥 마려운 강아지마냥 떠돌아다녔을 때였다.

15살 변기에 앉아 점심시간이 빨리 지나가길 바랐을 때였다.

16살 입술이 터진 채 울며 버스를 타던 때였다.

17살 집을 박차고 나와 공사장을 배회하던 때였다.

18살 나도 잘하는 게 있어 꿈이 생기던 때였다.

19살 선생님들만큼은 날 사랑해 줬던 때였다.

20살 길가에 주저앉아 울었을 때였다.

21살 이불을 뒤집어쓰고 공부를 했을 때였다.

22살 첫 월급을 타고 치킨을 시켰을 때였다.

23살 믿고 싶지 않은 걸 외면했을 때였다.

24살 도망친 비상계단에서 숨을 고르고 있을 때였다.

25살 더 재밌는 꿈이 생겼을 때였다.

26살 더 재밌어진 꿈에 하늘도 도와줬을 때였다.

13

화면으로만 배웠던, 허리를 숙이니 물수건을 코에 대니 하는 그런 비상 대피 요령은 무슨 신발장을 한가득 메운 이 연기처럼 내 머릿속도 하얗고 뿌예졌다.

친구는 책가방을 집어 던졌고 "아빠 아빠" 소리치며 망설임 없이
연기 속으로 사라졌다.
난 뿌연 곳으로 사라진 친구의 뒷모습에
뒤를 돌았고 그대로 집에 들어왔다.

그때의 심정은 뭐랄까 괴로웠다.

괴로워서 도망친 건지 도망쳐서 괴로웠는지 아직도 잘 모르겠다.
친구는 그 뒤로 내 등굣길과 쉬는 시간, 하굣길을 매일 쫓아다니며
혼잣말 아닌 혼잣말을 뱉었다.

나쁜 년…
배신자…
차에나 치어 죽어라.

14

교문에선 학주가 눈에 불을 켜고 마이를 안 입고 겉옷을 입은 학생들, 화장을 하거나 염색을 한 학생들, 담배 냄새가 나는 학생들을 잡아내고 있었다.

그치만 똥 마려운 강아지마냥 정문에서 어슬렁거리던 나까진
눈에 들어오진 않았나 보다.
결심한 듯 교문을 벗어나 십 분 남짓에 있던 동네 뒤편 논밭을 걸었고
목울대를 밀고 울음이 커져 나왔다.

15
마법사가 되고 싶었다. 너무 도망치고 싶을 땐 요술봉을 흔들어 다른 차원의
시공간을 만들고 그 속으로 다이빙을 하고 싶었다. 눈이 휘둥그레진 그들을
향해 메롱을 하고 도망가는 상상을 100번은 한 것 같다.

보건증을 끊고 수업 중인 조용한 복도를 돌아다니는 것은 꽤 그것과 비슷한
기분을 안겨줬는데 선생님은 고맙게도 매번 보건증을 끊어주셨다.

그렇게나 아늑했던 복도는 점심시간이면 가장 무서운 공간으로 변했다.
이럴 때 나는 화장실로 들어갔다.

허리를 느슨하게 빼서 앉으면 변기는 피시방 의자 못지않게
꽤 아늑한 의자가 됐다.

가끔 문이 안 열리는 화장실 칸이 있다.
나는 그 문이 고장 났다고 생각하지 않는다.
없는 척할 뿐.

16
개도 주인을 문다.
나는 그날 한이 묻은 손끝으로 주인을 물었다.
필사적으로 움켜잡은 머리카락을 보자니
심장이 미친 듯이 빠르게 뛰는 게 마치
속이 후련하다고 거짓말을 치는 것 같았다.

사실은 너무 슬펐다. 버스 안은 조용했다.

17
고등학교에 올라가면서 난 자연스레 해방됐지만
이제 나를 괴롭히는 건 타인이 아닌 자신이었다.

사춘기 소녀는 논밭으로 도망 나왔고
논밭은 더 이상 논밭이 아닌 공사장이 되어 있었다.
그렇게 첫 가출은 2시간 만에 마무리되었다.

18
하굣길에 누군가 명함을 주며 연기해 볼 생각이 있느냐 했다. 난 그렇게 첫 카메라 테스트를 하게 되었고 그곳에서 준 "엄마가 뭘 알아"로 시작하는 사춘기 소녀의 다섯 문장 남짓한 대본을 들고 빨간 불이 들어오는 렌즈를 향해

울화를 토했다.

렌즈는 내게 배설 공간이었다. 난 그 시기에 무언가를 계속해서 뱉어낼 공간이 필요했다. 꼭 렌즈가 아니더라도 연습실에 들어가는 순간 그곳의 모든 벽은 내 배설 공간이 되었다. 그곳에선 나처럼 벽을 향해 배설하는 또래들이 많았다.

감독이라고 불리는 아저씨는 그 뒤로 말없이 내 배설 행위를 유심히 지켜보았고 어느 날 내게 다가와 눈높이를 맞춰 쪼그려 앉곤 말했다.
"너 연기 하자."

19
단상에 올라가 독서 대상을 탔다.
그때 내게 악수해 준 교장 선생님의 눈빛을 아직도 잊지 못한다.

그 눈빛은 나를 움직여 교과서를 꺼내게 했으며 만년 뒷좌석 창가에 앉았던 나를 교탁 앞 좌석으로 이끌어주었다.

그 눈빛은 수시 8등급이었던 내 성적을 2등급으로 올려주었고 결국 그 해 나는 서울권 4년제 연극영화과 합격 통지서를 받았다.

20
누가 캠퍼스 생활은 아름답다고만 했는가.
내게 그곳은 입맛 다시는 늑대들의 소굴 같았다.
성인이라고 하지만 나는 아직 성인이 아닌 기분이었다.

늑대들로부터 지켜주겠다던 그 사람은 같은 20대여도 하늘 같은 사람이었고 담배를 피우는 모습은 마치 세상 이치를 다 깨달은 사람 같았고 운전대를 잡은 모습은 세상에 하나밖에 없는 특별한 사람 같았다.

여느 커플과 다름없는 시답잖은 이별은 내게 있을 수 없으리라 했지만 결국 나 또한 그 시답잖은 이별에 세상이 무너졌다.

그악스럽게 주저앉아 가지 말라 외쳤지만
그는 뒤도 안 돌아보고 가버렸다.
그 뒤로 그 길가는 피해서 돌아가곤 했다.

21
배설 행위도 수명은 있었다.
아무리 쥐어짜도 어떤 대본엔 눈물 한 방울도 안 나왔다.
내 목울대 또한 움직이지 않았다.
덜컥 겁이 났고 그래서 돈을 벌고 싶었다.
고작 할 줄 아는 거라곤 빨간 불이 들어오는 렌즈 앞에서 대본을 읽는 것뿐

인데… 머릿속을 스쳐 지나가는 직업은 아나운서였다.
무작정 휴학을 했다.

자취방은 방음이 잘 안 돼서
이불을 뒤집어쓰고 대본을 연습해야만 했다.
극세사 이불은 방음에 꽤 좋았지만 여름엔 지옥이었다.

22
취업에 성공했지만 코로나로 인해 3개월 만에 일자리를 잃었다. 난 다시 극세사 이불로 들어갔고 그렇게 3개월 만에 다시 운 좋게 전보다 더 좋은 일자리를 얻었다. 대기업 사원 못지않은 월급을 받게 되었고 가득 듣긴 무신사 장바구니의 옷들을 모두 주문을 하곤 음식도 배달비 걱정 없이 시켰다.

치킨 두 조각을 먹고 뚜껑을 덮었다.
사실 배고프지 않았다.
그동안 고생한 나를 위해 무언가 보상을 해주고 싶었을 뿐이었다.
"축하한다. 억지로라도 먹어라."
텁텁 입맛만 다시다 내려놓고 침대로 들어갔다.

23
사랑하진 않지만 곁에 있어 줬으면 하는 못된 심보가 가여워서
외면한 사람이 있었다. 그리고 그것조차 사랑의 형태라며 보살폈다.
정말 몰랐지만 사실 그건 혐오였다.

24
: 공황이 오면 무슨 느낌이야?
: 급똥 마려운데 그 느낌에서 똥 마려운 것만 뺀 느낌이야.

요 며칠 동안 속이 꽉 막힌 듯 답답하더니 소화제만 주구장창 먹으며 넘기다
결국 지하철에서 일이 났다.
여느 때와 다름없이 명치를 쿵쿵쿵 때리며 체한 느낌을 달래는 도중 귀에선
이명이 들리더니 손은 차가워졌고 이마엔 식은땀이 나기 시작했다.
배는 뒤틀린 듯 꿀렁거렸고 곧 가슴과 등도 흥건해졌다.
들숨과 날숨은 엇박자를 탔고 이내 시야는 뿌예졌다.
마치 그날 그 신발장처럼.

난 무서워서 눈물이 났다.
눈물이 나니 들숨은 더 엇박자를 탔고 이내 호흡법을 까먹었다.
다리에 힘이 풀려 도망갈 수 없었다.
그 자리에 주저앉았다.

엉거주춤 주변 물건들을 짚어가며 출구를 찾아 집으로 돌아왔지만 이 증상은 그 뒤로 누워 있다가도 갑자기, 밥을 먹다가도 갑자기, 회사에서 상사에게 혼나다가도 갑자기 일어났다.

감독도 교수님도 인정했던 내 예전의 연기 실력을 주어짜 "죄송합니다. 이 부분 잘 숙지해 둘게요. 잠시 볼일 다녀오고서 다시 확인해도 될까요? ^^" 하며 포커페이스를 유지하곤 뒤돌아 비상계단으로 도망쳤다. 아무도 없는 것을 확인한 후 안심하고 울분을 터뜨렸다.

시간이 지나 공황장애라는 진단을 받았고 시간이 지나 직장을 퇴사했고 시간이 지나 그에 대한 혐오를 멈췄고 시간이 지나 공황도 완치됐다.

25
그림을 그리는 행위를 시작한 이유는 큰 뜻 없이,
그저 내 젊음을 기록하고 봉인하기 위해서였다.

옅게 머금은 콧김으로드 날아갈 것만 같았던 다정함,
떨리는 손끝을 타고 뒤늦게 달궈진 가슴을 부여잡았던 괴로움

더 달콤한 향기에 눈이 걸고
도착을 앞두고 끊긴 발자국들

처음 느껴보는 또는
처음처럼 느껴졌던 순간들을 담아 기록해두곤 했다.

때론 글은 그림처럼 설명하기 힘들고
그림은 글처럼 설명하기 어려워 서로가 더 적나라함을 과시해왔다.

그렇게 난 무언가를 기억하기 위해 기록하고
망각하기 위해 봉인했다.

26
내 그림은 어느덧 예술의전당 아트페어에 진출하기도, 소형 미술관에선 선정 작가전을 열기도, 문체부에선 상을 받기도 했다. 외부에선 작업 의뢰가 들어오기도 했다.

27
: 안 된다니까요. 시세 보시면 알겠지만 전 이 돈 아니면 작업 못해요. 아니면 제가 아는 곳들 한 번 찾아볼게요. 그런데 요구하신 작업들이 워낙 난도가 높아서 해준다는 곳 찾기 어려울 거라 시간은 좀 걸릴 수도 있지만요.

네? 아 저랑 하시겠다고요? 네네 알겠습니다.
(끼야야야악!!!!!) 그럼 다음 주 월요일부터 작업 (아싸봉봉!!) 진행하도록 하

겠습니다. (빠세에~) 좋은 하루 보내세요~^^

"엄마! 뭐 먹고 싶어 당장 말만 해!!!!!!!!!!!"

백화점부터 가서 진탕 겨울 옷을 쓸어 담았다.
스시, 케이크, 꽃, 접시, 물감 등 쇼핑 체크리스트를 하나하나 지워가며 콧노래를 불렀다.

곤두서서 그린 그림 [오브제]는 잘 말려 벽에 걸어뒀고 간만에 요리 실력을 뽐내 만든 아라비아따오- 뽈뽀로 눈이 휘둥그레진 엄마와 아빠의 모습에 어깨가 잔뜩 으쓱해졌다.

L 말만 해, 뭐 먹고 싶어?
그림? 아, 이거 제목은 오브제야.
난 너의 오브제 ㅋ
웃어? 참나
아무튼 아니 내가 그 걸 어떻게 따냈냐면
아, 음식 식겠다. 이거부터 먹고 얘기하자.

나는 지금도 그가 분명 존재한다고 믿고 있다.
곧 보자, L.

| 오브제

\#

있잖아, ㄴ,

시간을 되돌려서 내 말과 행동을 조금 더 바꿔봤더라면

지금의 난 좀 달라졌을까?

아니다... 아무리 곱씹어봐도 그러진 않았을 것 같네.

그래도 난 후회는 없다?

근데 뭐랄까 허허함이 맴돌아.

왜 나는 그때,

왜 나는 그것들을 잃었어야만 했던 걸까?

목차

프롤로그	4
1 현재	… 20
2 위선	… 23
3 다짐	… 26
4 곁	… 27
5 솔직함	… 31
6 사랑	… 32
7 울타리	… 35
8 희망	… 41
9 환상	… 42
10 다람쥐	… 43
11 혼자	… 45
12 동심	… 47
13 사치	… 49
14 기대	… 52

15 징크스	… 54
16 청춘	… 57
17 정답	… 59
18 공감	… 61
19 미움	… 64
20 배설	… 64
21 친구	… 66
22 우정	… 67
23 흥미	… 70
24 취향	… 75
25 미움	… 76
26 안주	… 83
27 원망	… 84
28 희망	… 86

29 세상	⋯ 87	43 방황	⋯ 114
30 판단	⋯ 88	44 겉치레	⋯ 116
31 불신	⋯ 88	45 미움	⋯ 117
32 이기심	⋯ 90	46 기회	⋯ 120
33 원망	⋯ 92	47 안주	⋯ 123
34 흥미	⋯ 93	48 방황	⋯ 124
35 행복	⋯ 95	49 질문	⋯ 125
36 기대	⋯ 98	50 가출	⋯ 128
37 경솔	⋯ 102		
38 아량	⋯ 104		
39 걱정	⋯ 107		
40 불신	⋯ 108		
41 욕심	⋯ 109		
42 신앙	⋯ 112		

1 현재

오늘따라 넌 왜 이렇게 가볍고 생기가 없어 보이는지
뭔가 모를 덜컥 두려운 촉이 스쳤다.

좋은 꿈 꾸고 사랑해.

마지막이 될 수도 있다는 생각에 슬펐다.
다들 잃고 나서 후회한다는데 난 곧 잃게 될 거라는 그 두려움이 너무 후회됐다. 그저 입맞춤밖에 할 수 있는 게 없다는 것이 부아가 치밀어올랐다.

어쩌면 내 죽음보다 더 소중히 여겨지는 죽음을 지닌 작고 여린 아가야, 평생 같이 있었으면, 평생 곁에 있어줬으면, 무탈했으면, 건강했으면.

너의 죽음은 내 품속에서 그 찰나가 너무 느리지도
너무 빠르지도 않게 만끽하며 떠날 수 있길.

목구멍에 막힌 벅찬 덤덤함은 참 무거웠고
이 무거운 기분은 너에 대한 사랑이었겠지.

입맞춤뿐인 나를 미워하지 말아줘.

수신자 없는 편지 1

비가 쏟아졌던 밤 진흙을 짓이기며 너와 걷던 그 시간이 참 좋았다. 우산 하나로 엉겨 붙어 걷는 그 축축하고 찬 공기가 난 참 좋았다.
너에게 난 별것 아닌 존재로 여겼을지언정
넌 나에게 꽤 큰 낙이었다.

지금은 무얼 하는지 언제 만날 수 있는지 나는 달력만 보고 산다 그렇게 서서히 넌 종적을 감췄고 난 내가 생각보다 아무렇지 않아 하는 모습에 이미 예상해 왔다는 걸 깨달았다.

그리곤 나 또한 너가 별것 아니었다는 것을.
나는 도피를 위해 너가 필요했다.
그리고 너 또한 나를 도피를 위해 필요로 했다.
너 또한 나와 같았고 너 또한 괴로워 보였다.

도망가고 싶었다.
그래서 난 널 붙잡지 않았고
사실은 무소식에 기뻤다.

\#
있잖아, ㄴ, 왜 그런 거 있잖아.
지금 보면 정말 별론데
그때는 왜 저렇게 갖고 싶어했을까?

그렇게 갈구한 건 언제고 가차없이 필요 없어지기도 했다?
나 정말 나쁜 년인가 봐.

그런데 그날 간절히 새겼던 염원은 진짜였다?

필요 없어진 이유는 어느샌가 잊혀졌기 때문이었을까.
왜, 되새길수록 잊기 힘들고 괴로운 것들이 있잖아.
어차피 우리는 다 잊혀지니까.

그리고 잊을 수 없는 걸 난 너무나도 싫어했으니까.

2 위선

엄마는 매일 사벽 기도를 다니고 교회에서 하는
모든 봉사 활동에 항상 참여를 했다.
우리 살기에도 바쁘고 벅찬데 누가 누구를 돕냐고
생각했다. 엄마는 부족한 우리의 것에서 떼어
남들에게 내어줬다.

바들바들 몸을 떨며 날 쳐다보던 유기견의 하얀
눈동자를 보니 속이 메스꺼워졌다.
이 아이는 나 없으면 죽을 것 같다는 생각에 괴로웠다.

강박처럼 남을 위해 살던 엄마는 사실
엄마를 위해서 살고 있었구나.

\#

L, 요즘 넌 어때? 난 크나큰 걱정도 아픔도 슬픔도
힘듦도 없지만 또 크나큰 기쁨도 따듯함도 벅참 또한 없어.

아 너의 입장에선 이것도 크나큰 아픔일 수도
있겠다. 사실 난 위경련으로 나흘째 입원 중이야.
익숙해 뭐... 난 이걸로 1년에 5-6번은 고생하거든.

배 아픈 거, 몸 으슬으슬거리는 거 전부 이젠 지긋지긋하다.
지금은 좀 괜찮은데 더 아파지면 난 미쳐버릴지도 몰라.

엄마는 내가 인간 개복치래.
개복치는 조금만 스트레스 받으면 죽어버린대.
아침 햇살이 강렬해서 사망, 바닷속 공기방울이 눈에 들어가
스트레스로 사망, 바다거북과 부딪힐 것을 예감하고 스트레스로
사망, 동료가 사망한 장면을 목격한 스트레스로 사망.

나 참 웃겨, 진짜.

난 왜 앓아누웠냐고? 웃지 마라, 웃지 않기다, 진짜.

책을 읽다 꽤 슬퍼서 울었는데 울다 보니 몸이 추워지더라고.
그때 뭐라도 걸쳤어야 했는데 다음 날 몸살까지 나버렸다니까.
이 하찮은 이유로 몸살이 나니까 이런 나 자신이 어이없어서
스트레스 받았는데 스트레스 받으니까 위가 아파졌어.

위가 아파진 ㄴ 자신이 ㄴ무 짜증났는데 짜증나니까 경련이 나더라.

세상 모든 사견이 내 생존과 직결되는 문제 같았어.

제발 내가 잘 견뎌줬으면 해.

근데 있잖아, 좀 웃긴 게
이렇게 누워 있는 거... 솔직히 평온하다?

뭐랄까 모르겠거.
있잖아, 나는 성과가 나 자신인 줄 알았다?

나 쉬고 싶었나 봐.
하늘이 주신 후식기인 것 같아.

3 다짐

오랜만에 빈집에 혼자 있었다.
너무 조용하고 고요하면 때로 귀가 괴롭다.
마치 엄청난 소음을 들을 때 오는 그 고통처럼

그럴 땐 가끔 판도라의 상자 같은 노래를 듣곤 하는데
귀를 타고 흘러들어오는 음악에 뇌신경이 싫증 난 듯
어떠한 기억 속으로 회로를 만들어내곤 했다.

공사장으로 변한 논밭은 마치 내 안식처가 파괴된 기분이었다.

그럼 난 이제 어디 가라고
그럼 난 이제 어디로 가야 하냐고

왜 고통을 자처하는가?

4 곁

2호선을 타고 지나가는 길에 너의 집이 보였다.
창문 너머로 재빠르게 지나가던 주변 풍경은 파노라마가 되어
마치 타임머신을 타는 것만 같았다.

너는 우리 오빠와 언니를 보며 "너 주변에 저런 사람들이 있다는 거
정말 고맙게 생각해야 허. 나중에 알게 될 거야"라고 말했다.
나는 그때도 알았고 지금은 더더욱 알게 되었다.

지금의 너의 곁엔 내 곁과 같은 사람이 있니.
너는 그때 우리의 곁에 함께하고 싶어 하긴 했니.
너는 왜 항상 기쁠 때도 쓸쓸해 보였을까.
내 곁으로만은 부족했던 걸까.
나는 너에게 무엇을 채워줬어야만 했을까.
아직도 나는 그 해답을 풀지 못했다.

너는 너만의 곁을 찾고 싶어 하는 것 같았다.
나는 너의 곁을 가장한 사람들을 참 싫어했다.
그리고 그들 또한 나를 주시해왔다는 사실을 알게 되었다.
결국 그들로 인해 우리의 곁은 끝내 더러워졌고
가슴을 움켜잡은 채 뒤돌아서야만 했었다.

너의 곁을 응원한다.

수신자 없는 편지 2

나는 '꽤 끈질겼던 것'이었다.
나는 꽤 끈질겨서 미련이 참 많았고
두려워서 널 두고서 사라질 수 없었다.

그럼에도 불구하고 그때 아직 이승에 계속 남고 싶어 했던 이유는
날 너무 사랑해서
혐오할 정도로 나는 날 너무 사랑해서였다.

이런 내가 너를 가여워해 줬던 것은
그것도 나름 가지각색의 다양한 사랑 중
한 형태라 믿었기 때문이다.

그래서 난 너에게 그렇게나 끈질길 수밖에 없었다.

엉킨 진물

수신자 없는 편지 3

있잖아, L, 네가 지금껏 걸어온 길 그리고 내가 걸어온 길이
너무 달라 어수선해질 때도 있겠지만 난 그렇게 걸어왔던 네가
좋으니 분명 그 길 또한 난 좋아할 거야!

난 이기적이게 나를 위해 너를 필요로 하고
너도 이기적이게 너를 위해 나를 필요로 했으면 좋겠다.

5 솔직함

시끄럽고 혼란스러웠던 것이 사라지고 마치 조용한 숲길에 들어가
묵혀낸 숨을 토해내는 듯한 기분이다.
그때 무엇이 나를 그리 미치게 만들었던 걸까.

선생님은 내게 말했다. 너가 누군가에게 잘못했다면 그 사람에게만 돌 맞으면
되는데 내 환경은 온 동네 사람 옆동네 뒷동네가 다 몰려와 돌을 던진다고.

한 치의 실수도 없이 살아가야 하는 인생이라…
참 고난도 미션이다.

그런데 실수를 했던 그 당시
그건 그저 실수였을까.

아무리 생각해도 난 진심이었다.
그리고 진심이었다가도 시간이 지나고 보니 마음이 바뀌어
실수라고도 칭했다.

뭐가 됐든 나에겐 용서할 수 없는 거짓말이 있다.

어쩌면 너도 그때 나를 미워했던 걸까.
그렇다면 왜 진작에 나를 미워하게 됐다고
말해주지 않았을까.

내가 너를 미워하게 됐던 건

너무 힘들어서 손 좀 잡아달라고 했을 때
자꾸만 내 손을 놓쳤을 때 너가 미웠어.
아파서 일을 못할 때 일을 못해서 돈이 없었을 때
따듯한 밥이 너무 먹고 싶었을 때 나는 삼각김밥을
먹을 때 너는 밖에서 소고기를 먹으며 늦은 밤까지
나를 홀로 둘 때 너무 미웠어.

몸은 아프지만 뭐라도 하겠다고 임상실험을
알아보는 내게 다녀오라고 하는 너가 너무 미웠어.

백화점에서 천만 원가량의 호화스러운 옷을
사고 예쁜 여자들이 옆에서 술을 따라주는 비싼
술자리를 다녀오면서 나에겐 사서 고생한다고
얘기하는 너가 너무 미웠어.

밖에선 나를 한없이 가여워한 척한 너가 너무 미웠어.

나는 어리석게도 그런 너를 보내기 싫었어.
악착같이 놓치지 않고 싶었어.
묶어두고 무언가 해코지를 하고만 싶었어.

너는 어리석게도 그런 나를 보내지 않았어.
너는 악착같이 나를 놓지 않았어.
내게 무언가 해코지를 지속 하고만 싶어 했어.

\#

있잖아, L, 때로 네게 무거운 짐이 생겨도
나는 꼭 네 곁에서 머물 거야.

우리 오빠가 이상한 사람들과 시비가 붙었을 때
쬐끄마난 언니가 댓발로 나와서
"야 이 새끼들아! 너네 뭐야? 우리 오빠 건들지 마"
라고 하니 다들 어이없어하면서 도망가 버렸대.

나도 어쩌면 하찮아도 다 도망가게 만들 수 있을 거야,

7 울타리

"난 어른이 되어도 분명 이 학창 시절이 절대
그립진 않을 거야!"

다들 학창 시절이 그립다곤 하지만 역시나 그곳은
어른이 되어서도 돌아가긴 싫었다.

중학교에선 점심시간에 최신 가요를 틀어주곤
했는데 그 가요를 들으며 자던 기억밖에 없다.

사실 안 자고 있었다.
"쟤는 맨날 자" 하며 늘 깨우는 널 매일 그리워했다.

처음부터 보건실 핑계를 대며 복도를 걸어 다니고
처음부터 화장실에 들어가 변기에 멍하니 앉아 있고
처음부터 정문 앞에서 똥 마려운 강아지마냥
서성거렸던 건 아니었다.

"너 이쁘다. 친해지자, 이제 나 보면 인사해." 가끔
우리 층으로 내려오던 짧은 치마의 무서운 언니 말을
기점으로 "아, 내가 어울릴 곳은 여긴가?" 하며
왠지 모를 우월감과 두려움이 공존했다.

그 기점으로 그 언니에게 인사하던 몇몇 다른
친구들이 다가왔고 난 자연스레 그들과 같은
울타리에 속하게 되었다. 그런데 무서웠다.
사실 알고 있었다. 이곳의 문화는 상식적으로
이해할 수 없는 것들 투성이였고 유해했다.

그들과 이질감이 느껴지지 않도록 아무리 노력해도
난 인정받을 수 없었고 결국 울타리에서 쫓겨났다.

이번엔 새로운 울타리를 찾아 교탁 앞자리
안경잡이 친구에게 손을 건넸다.
"너랑 친해지고 싶어."

나는 안정감과 동시 두려움이 들었다.
그들이 나를 유해하게 생각해 쫓아낼까 봐.

결국 그런 말도 안 되는 사유로
난 미리 떠나기로 했다.
내가 '먼저' 떠났다.

시간이 지나 안경잡이가 말해줬다.
전 거처의 울타리에서 "저 아이를 내보내지 않으면
너희 울타리는 우리가 부숴버릴 거야"라 했다고.

사실 나는 너를 유해하게 생각하지 않았다고.
그렇지만 '어쩔 수 없이' 너가 유해한 사람인
것처럼 널 대우했다고.

나는 먼저 떠났던 게 아니었다.
평소와 달라진 기류에 그들의 눈빛을 보자니
바로 알 수 있었다.

아, 전 거처에서 출장이 나왔구나.
아, 나가라는 눈빛이구나.

결국 정처 없이 떠돌다 그렇게 화장실로 들어갔다.
아, 이 자리가 비로소 내 울타리구나.
.
.
.

우리 넷은 자장면을 먹고 있었다.
내가 없던 3명의 단톡방에서 발견한
"자장면 존나 잘 처먹네"는 나를 저 밑으로 무너뜨렸다.

우리의 교실 앞엔 매달 등수가 적혀 있었다.
너는 나와 싸웠고
나는 나와 싸웠다.

.
.
.

다이어트를 한다는 넌 삐쩍 곯아 마른
내 허벅지를 참 좋아했다.
좋아해 주니 나도 내 허벅지가 마음에 들었다.

어느 날 너는 내가 허벅지를 자랑하는 것이
재수 없다며 너의 새로 생긴 울타리를 불러 모으기 시작했다.
그 울타리는 열 명 남짓했는데
나는 그 울타리가 참 무서웠다.

너는 쉬는 시간에 해맑은 미소로 나를 화장실로 불렀다.
너의 미소가 너무 오랜만이어서 반가웠다.
너를 따라 문을 열었다.

난 그 열 명 남짓한 울타리에 둥그렇게 둘러싸였다.
그 속에선 핸드폰 셔터가 터지는 소리가 들리기도 했다.
그 울타리가 또 찾아올 때면 내 일정 범위의 곁은
뒷문으로 나가버렸고 저 멀리 신발장에서
나를 불쌍하게 지켜보곤 했다.

무엇을 잘못했는진 모르겠지만 나는 너에게

잘못했다고 전화를 걸었다.
수화기 너머에선 앙칼진 웃음소리들이 여럿 교차되어 들려왔다.
.
.
.

연필 모양의 노랗고 큰 내 지우개가 예쁘다며
너는 내게 새 거를 가져오라 했다.
그 지우개는 일요일마다 가던 교회에서 퀴즈를 맞히면 주는
선물이었는데 나는 일주일에 한 번씩 찾아오는 그 기회에
이 악물고 머리 조아려 퀴즈를 풀었다.

퀴즈를 맞혀도 그 선물상자는 검은 상자로 감춰진 랜덤 보따리라
아무리 더 좋은 선물이 손에 쥐어져도 지우개가 안 나오면
청천벽력이었다.

매주 빈 손으로 귀가할 대면 화장실 말고 또
어디로 숨어야 할지 도저히 안 떠올라 괴로웠다.
새거를 기다리다 지친 너는 결국 내가 쓰던 것을
가져갔고 가져가서도 끝나지 않았다.

수많은 너, 너, 너, 너, 너, 너.

너희들은 어째서, 왜 그렇게까지 나를 미워했을까.

| 숨겨진 진실

8 희망

초가을은 서성거렸다.

늦가을은 따라오라 했다.

난 이제 막 추워졌다 했다.

넌 이제 곧 더 추워진다 했다.

9 환상

처음 마셔본 이제 막 나온 뜨거운 오렌지차는
향도 진했고 맛있었다.

그런데 금방 주전자마저 식어 향도 날아가고
맛도 날아갔다.

아니 사실 맛 안에 정말 맛있던 무언가가 날아가고
맛없고 텁텁한 무언가의 맛만 남아버렸다.

어쩌다 이렇게 됐을까.
사실 그게 진짜 맛일까? 전엔 환상이었을까?

그게 우리의 마지막 모습이었다.

10 다람쥐

고요하고 파랗고 하얀 게 전부였던 그 계절에
내게 다가온 다람쥐가 있었다.

어딜 가는진 모르지만 너가 향하고 있는 발걸음이
비슷해 우리는 꽤 자주 마주쳤고 다시 사라져도
언젠가 우리는 금방 또다시 볼 수 있을 것 같은
기분이었다.

나는 늘 부푼 마음으로 너를 찾으며 빠르게 걷기도
너를 기다리려 느리게 걷기도 했다.

너에게 도토리를 건넨 그날이 마지막이 될 줄은 몰랐다.

야속한 미련

11 혼자

"넌 피아노 건반의 저음 같아."
"그러는 넌 빈티지 피아노 페달 소리 같아."

뭐가 고마운지 말이 없을 때
그래도 난 알 것 같다고 하면 오만일까.
아니면 내게 고마워하는 이유가
너 또한 나와 같기를 바랐던 걸까.

우리는 꽤 서로를 따라 했다.
그는 내가 구사하는 표현법을 따라 했고
나는 그 특유의 표정을 따라 했다.

그렇게 우리는 우리만이 구사하고 표현하는 언어가
생겼는데 난 그걸 참 좋아했다.

보라색의 꿈

12 동심

히포크레네

그리스 신화에 나오는 헬리콘 산의 샘이다.
천마 페가수스가 땅을 박차고 하늘로 날아오를 때
발굽이 때린 바위에서 솟아난 샘이라고 한다.
예술의 신 아폴론과 무사이의 성소로서 예술적 영감의 원천으로 여겨진다.

난 페가수스가 박차고 디딘 바위를 어루만졌고
곧이어 보이는 맑은 샘물을 들이켜 마셨다.
이 샘물은 너무 잔잔해 조금만 스쳐도 그 파동이
저 끝자락까지 퍼져 내려갔다.

난 이에 알 수 없는 묘한 죄책감이 생겼고
이 샘물엔 아무도 접근하지 못하게 지키겠다는
변명으로 이곳을 숨기고 싶었다.

또 파동이 일어날 것을 알면서도
난 널 막아주지 않았다.

\#

있잖아, L, 정말 정성 들여서 음식을 차렸는데
혼자 먹는 기분, 무슨 느낌인지 알 것 같아?
별로 맛이 없는... 아니 맛이 안 느껴지는 거야.

그 조용한 식탁에 차린 화려한 음식을 보고
그냥 난 멍때리고 있는 거야.

아, 아니다! 난 너무 배부르지만 그래도 누구랑 같이
먹으려 정성스레 차려놓은 음식에 그 누구도 오지
않은 거지!

그래서 그렇게 그냥 식탁을 멍하니 쳐다보고 있는
그런 기분.

무슨 느낌인지 알아?

13 사치

1년간 매일 파티를 열었건 때가 있었다.
주최자를 향한 그들의 선망 어린 눈빛은
내게 꽤 중독적이었다.

그 기분은 분명 큰 의미를 가져다줄 것이라
믿고 싶었지만 기념할 것들이 없었던 파티는
결국 지저분한 흔적들단 남겨졌을 뿐
내게 남겨진 의미라는 것은 아무것도 없었다.

파티를 닫으니 손님 또한 오지 않았고
닫힌 파티엔 아무도 노크조차 하지 않았다.

\#
있잖아, L, 난 가끔 말이야.
행복과 쾌락 이 두 개가 헷갈리던데 넌 어때?

행복인 줄 알았는데 쾌락이었을 땐
그 상실감과 배신감이 무지 컸고
쾌락인 줄 알았는데 행복이었을 땐 다행이었지만
이 두 개의 개념이 점점 더 혼동이 커져서 선택에
놓여졌을 때 마치 매번 도박 던지듯 늘 괴로웠어.

그래도 지금은 전보단 구분 잘해.
어떻게 하냐고?

행복은 집 가는 발걸음이 방방 뛰더라.
그리고 미소가 절로 쿡쿡 튀어나오더라.
마음엔 묵직하고 진득한 무언가가 무겁게
내려앉아 있는데 그게 굉장히 따듯해.

게다가 다음 날 아침에도 그 여운이 가시질 않아서
하루를 시작하는데 미친 듯한 힘이 솟아나.
뭐든 다 할 수 있을 것만 같아.

쾌락은 집 가는 발걸음이 무겁고 축 늘어져.

빨리 들어가서 그냥 눕고 싶어져.
마음은 허하고 시렵고 게다가 다음 날 아침에도
묵은 때가 아직도 안 벗겨진 듯 몸은 묵직해.
그냥 그냥... 멍해져.

오늘은 또 뭘 해야 하나 싶어.
오늘은 또 뭐로 채워야 하나 싶어.

사실 난 어제도 그 선택이 과연 내게 있어
행복으로 남을지 쾌락으로 남을지 많은 고민이 들었어.

아, 헷갈리진 않았고
알면서도 고민이 돼서 고민했어.

14 기대

민트를 키우기 시작했다.
선생님은 민트가 시드는 것에 좌절하지 마라 하셨다.
그런데 난 시들어도 아무렇지 않을까 봐 걱정이었다.

잘 자라던 아이는 시들었고
매가리없던 아이는 넝쿨 지어
저 방바닥까지 내려앉았다.

잘 자라던 아이에게는 더 이쁘게 자라라고
가지치기를 해줬고 매가리없던 아이는 어차피
명줄이 짧아 보여 내뒀는데 이 같은 결과가 나왔다.

내 사주는 을유 일주로 넝쿨과 같다고 한다.
쓸데없는 짓 말고 그냥 내두면
알아서 잘 자라는 게 우리 팔자인가 보다.

불넝쿨

넝쿨이 가랑이를 붙잡고 실낱같은 줄기를 내어
올라타야만 했던 이유는 가장 빠르게
먼 곳까지 불길이 도달하길 바라서였다.
재가 되더ㄹ-도 이빨의 흔적은 남기고 싶어서.

15 징크스

봄은 항상 애증스러웠다.

사실 견딜 수 없이 추웠던 바람이 좋았다.
너무 매서워 볼이 따갑도록 괴로웠던 바람은
내가 얼른 이 추위를 벗어나고자 앞으로 걸어
나가야만 하는 이유를 만들어줬다.

볼이 얼마나 따가웠었는지 잊혀지고
바람이 잔잔하게 지저귀는 봄이 오면
걸음은 갈피를 자주 잃었다.

그리고 꽤 오래 날 그 자리에 머물게 만들어서
참 괴로웠다. 봄 징크스 탈출 대작전을 외쳤지만

봄이 되니 비로소 헤맸던 길이 보였다.

징크스는 겨울이었구나.

어느 봄

\#

있잖아 L, '나쁘다'라는 건 꼭 대놓고 나쁜 얼굴을
하고 능구렁이 뱀처럼 다가오진 않는 것 같다?

아주 선한 얼굴로 아이같이 다가오는 것도 있었어.
과연 난 그때 못 알아챘던 걸까,
못 알아챈 거라고
믿고 싶었던 걸까.

아직도 모르겠지만 분명한 건, 무서웠어.

내 연기를 안 보고도 배역을 준다는 말이 무서웠어.
뛰쳐나왔는데 너 같은 년들이 나중에 술 따른다며
돌아오라고 소리치던 그 밤이 무서웠어.

축구 룰도 모르는데 중계 자리를 준다는 말이 무서웠어.
허벅지에 닿은 손을 뿌리치고 나왔는데
사회생활 안 해본 티 좀 내지 말라는 그 밤이 무서웠어.

가장 무서웠던 건 그때 내가 너무 선비처럼
행동했나 싶은 생각이 스칠 때였어.
그래서 그만뒀지 뭐야.

나 겁쟁이지.

16 청춘

우리는 3년이 지나서야 얼굴을 마주보게 되었다.

너는 한편으론 여전했고 나도 한편으론 여전했다.
너 또한 한편으론 많이 변했고
나 또한 한편으론 많이 변해 있었다.

사실 나는 너의 변한 부분에 마음이 참 아팠다.
너 또한 나의 변한 부분에 마음이 아팠을까.

그럼에도 불구하고 내게 해준 말이 참 고마웠다.
"지금도 나한테서 넌 여전히 귀요미지."

사정이 안 좋아져 오피스텔에서 좁은 주택가 빌라로 이사했던 날
물이 새서 무안하게 걸레질을 하는 내게
"난 전보다 이 집이 훨씬 좋은데." 라고 해줬던 너의 말이

"그럼 그때 나 때문에 헤어졌던 게 아니었네? 그럼 됐다"
라고 해줬던 너의 말이

수척해진 네 모습이

난 너무 괴로워서 지금까지도 네 이름은 내 심장을 옥죄게 만든다.

그동안 무슨 일이 있었던 거냐고
함부로 물어보진 못하겠더라.
어쩌면 너도 내게 무슨 일이 있었던 건지
함부로 물어보진 못했겠지.

그렇지만 한편으론 또 물어봐 줬으면 했다.
또 한편으론 물어보지 않아줬으면 했다.

사실 그 이후로 나는 너무 많은 일들이 있었어.
그 귀요미가 무슨 일을 겪었었는지 넌 상상도 못할 거야.
방황도 오래 했어. 사실 그때도 난 방황 중이었어.
어쩌면 난 너보다 더 드세졌는지도 몰라.

아프지 말고
오래 못 살 거라는 웃기지도 않은 소리 하지 말고
그렇게 가고 싶어했던 제주도 가서 제발 행복해 줘.

세상에서 가장 미안해.

17 정답

작년 풀 수 없는 질문에 대해 고뇌하며 그렸던
[실타래]이다.

시간이 지나도 여전히 모르는 채로 남겨져
제자리를 걷고 있을까 두려웠던 것들은
다행히도 시간이 지나면 비로소 보이기 시작했다.
이런 패턴을 믿다 보니 풀지 못한 것들에
더 이상 머리를 조아리긴 않았다.
때가 되면 알려주겠거니 까먹지 않을 정도로만
기록해 뒀다.

그렇게 수많은 질문들이 쌓여갔고
난 질문이라 생각한 적이 없는데 되돌아보니
질문이었던 글과 그림이 보인다.

또 질문이라 정의하기 싫었던 것도 어느 순간
그의 답이 실려 질문이었던 것으로 남기도 한다.

[실타래]는 질문으로 정의하기 싫어했으면서도
풀어야만 했던 것이었다.

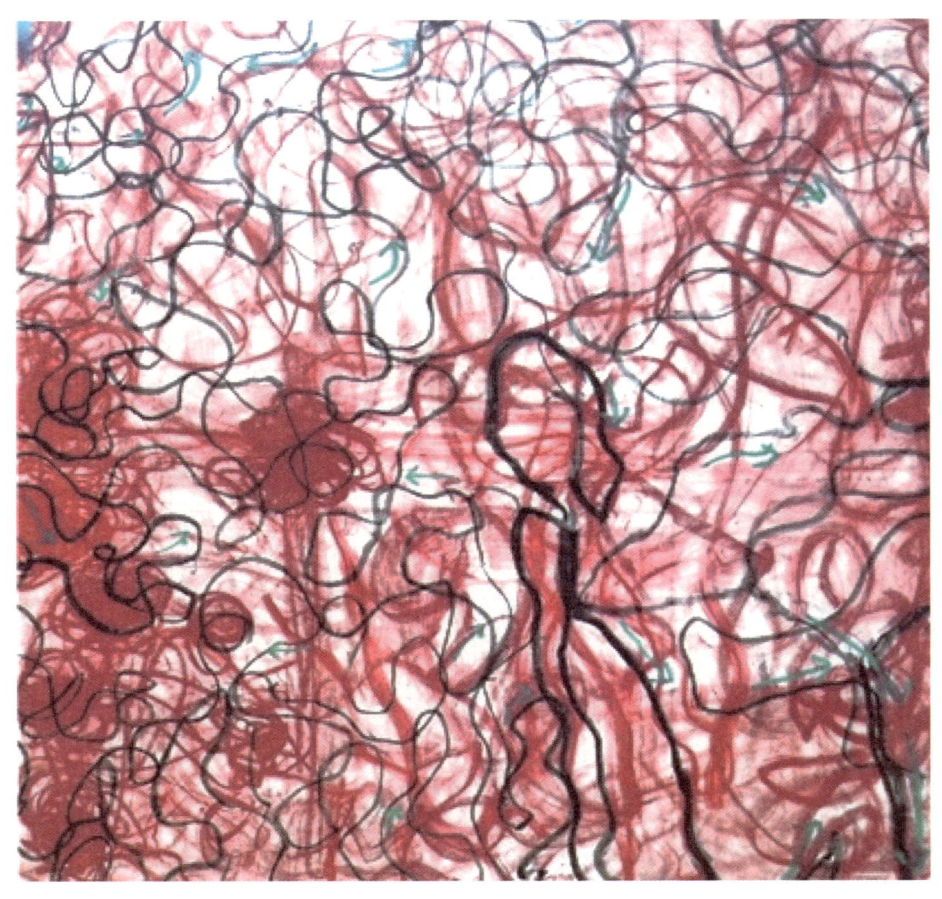

실타래

18 공감

열매를 짓이기는 널 보며 꽃잎을 짓이기기
좋아하던 내가 조금이나마 너의 마음을 알 것
같다며 이해할 수 있다고 말했다.

그런데 날 따라 꽃잎을 짓이기던 너의 모습이
역겨웠다.

너가 그 행동의 의미를 아는 척하는 것 같아서.

\#
있잖아 L, 문득 내가 가정하는 행복이란 걸
상상해 봤다? 들어봐.

우선 안방엔 큰 침대가 있어. 그리고 티브이 또 그 옆에 작은
책장엔 읽다 만 책 몇 권 또 작은 무드등이 있는 거지.
그리고 각자 혼자만의 시간을 가질 수 있는 작업실도 있고
거기엔 잠시 쉴 때 누워서 핸드폰을 볼 수 있는 작은 소파도 있어.
푹신한 담요와 베개, 옷장과 화장대
어때? 너무 근사하지.

부엌도 소개해 줄게. 우선 부엌은 커다란 냉장고가 있고
그 안은 치즈와 빵, 과일, 생과일주스 그리고 오늘 저녁에 차려
먹을 2인분의 된장찌개를 위해 장을 봐온 두부와 고기, 양파,
감자가 있어. 참, 베란다 혹은 마당엔 조촐한 작은 텃밭이
있는데 항상 아침에 일어나면 어디 얼마나 자랐나~
구경을 하며 물을 줘. 토마토 잘 익었다. 먹어볼래?

오늘 햇빛이 너무 기분 좋게 내리쬔다, 그치?
마침 옆에 있는 나무 의자에 앉아서 우린 새소리를 듣고 풀내음
을 맡을 거야. 각자의 일이 끝나고 하루가 마무리 되면 고생했다
고 너에게 포옹을 해줄 거야. 그리고 저녁에 먹을 디저트를 사러
근처 좋아하던 제과점에 들를 거고 거기선 음... 내일 아침에 먹을

빵과 저녁 식사 후 먹을 자극적이고 단 조각 케이크를 살 거야.
근사한 저녁을 먹고선 우린 안방에 모여 도란도란
TV를 보다 이단 잘까? 하며 불을 끌 거야.

아침이 되어 일어나면 나는 어제 산 바게트에 햄, 치즈
계란, 머스터드를 뿌려 하나는 먹고 하나는 너를 위해
랩으로 싸둘 거야. 꿀을 탄 따듯한 우유를 주며
L, 잘 다녀와! 파이팅
외치면서 보내줄 거야.

그리고 오늘 저녁은 외식을 하고 싶다며 졸라서 내가 좋아하던
식당에 갈 거야. 기가 막히는 부대찌개를 먹고 집 가는 길엔
맥주 한 캔씩 사서 과자를 먹으며 수다를 떨 거야.

또 가끔은 라면을 끓여 냄비 뚜껑을 앞접시 삼아 나눠 먹을
거고 양치하며 불러온 너의 뱃살을 꼬집을 거야.

잔잔한 파도같이 너무 고요하지도 너무 시그럽지도 않은 또
수긍할 정도의 오르락내리락한 삶을 살아가자.
우리 같이 기뻐하고 신나 하자.
때론 화도 내고 고민해도
그래도 우린 서로가 슬퍼할 일 없길 기도하자.

19 미움

꽃잎을 뜯던 버릇이 사라졌다.

너무 이뻐서
소중해서

그 꽃잎에게 나는 무해한 존재라는 걸
보여주고 싶었다.

20 배설

물가로 출근 도장을 찍던 때가 있었다.
그때는 그곳이 참 좋았다.

지금은 그곳이 싫다.

강가에 한을 너무 배설해서인지 물가 근처에만 가도
과거의 내 배설물들에 기가 짓눌려진다.

수신자 없는 편지 4

하나님, 제발 저에게서 소중한 것들을 가져가지 말아주세요.
당신이 키워준 담대함이라는 것이
혹여나 내가 가진 가장 소중한 것을 잃었을 때
버틸 수 있는 힘을 길러주신 것은 아닐까 겁이 나요.

약한 풀떼기처럼 살고 싶어요.
영원한 건 없지간 그래도 일찍 가져가진 말아주세요.

새싹이 나고 꽃을 피우고 열매를 맺고 다시
수그리다 봄이 찾아왔을 대 고개를 들고 지고를
반복하다 힘이 다했을 때 고요히 데려가 주세요.

나는 아직 세상에 남기고 싶은 게 너무 많아요.

21 친구

나는 다친 건 줄도 모르고 원래 태어나길 흉이 있었나 싶었다.
내 모든 걸 예쁘게만 봐주던 넌
내가 신나게 보여주는 흉에 뒤돌아섰다.

지금 와서야 생각해 보면 너도 내게 다친 걸 보여주고
나도 네게 다친 걸 보여주며 우리는
그렇게 서로 가까워졌었는데 너에겐 흉이 없었고
내게 생긴 흉은 무서워했다.
나는 그날 네게 흉을 보여준 것에 뼈저리게 후회했다.

세상이 좋아져 덩달아 흉도 사라지게 되었다.
아무도 내게 흉이 있다고는 생각지 못하게 되었다.
나는 가끔 네 주위를 서성거리기도 했다.

그래도 너는 여전히 나를 흉으로 볼까.

22 우정

흙이 잔뜩 묻은 대충 편히 신을 수 있는
발을 아무렇게나 구겨 넣어도 잘 신기는 신발이 있었다.

또 예쁘고 엄청 비싼데 어딘가 불편하고 조금씩
어딘가를 짓눌러 새빨개진 발가락이 돼서
집에 들어오게 하는 신발이 있었다.

결국 편한 신발은 7년이 흘러 새로 같은 걸 샀고
불편한 신발은 "그래도 예쁘니까"로 1년을 보관하다
결국 당근에 팔았다.

그 신발을 신은 친구를 봤다.

: 근데 그거 안 불편해?
: 엄청 불편해.

버린 사람과 아직 버리지 못한 사람과의 대화는
어느 순간 맞닿지 않은 곳으로만 흘러갔고
뒤돌아보니 각자의 길은 아주 멀어져 있었다.

수신자 없는 편지 5

반가웠어. 그리고 위안도 되더라.
잘 지내고 있는 것 같아 나도 덩달아 아련해지고

너무 아플 때 같이 있어 주지 못해서 미안해.
지금껏 잘 인내해 줘서 고맙고 대견해.

너도 버텼으니 나도 버텼고
나도 버텼으니 너도 버틸 거야.

우린 그렇게 버텨왔네.
너무 고맙고 미워했기도 해서 죄책스럽고
그래도 고맙고
그럼에도 여전히 해맑고 여전히 이뻐줘서 고마워.

\#

ㄴ, 나는 내가 정말 잘됐으면 좋겠다?

정말 힘들었잖아. 정말 많이 노력해 왔잖아.

밤새 고민하고 기도해 왔잖아.

아무리 지쳐도 딛고 일어서고 많은 걸 포기해 왔잖아.

참 뭉클하잖아, 그치.

잘 됐으면 좋겠다, 정말로.

23 흥미

아빠가 말했다. 남을 많이 만나다 보면 나도 모르게 그에게 없는 게 보이고 그게 더 멋져 보인다고.

수신자 없는 편지 6

왜 넌 내가 싫어하는 것을
"아니, 넌 좋아해"라고 했던 걸까.

왜 넌 나를 이해한다고 했으면서
"사실 이해가 안 가"라고 했던 걸까.

왜 넌 나를 "잘못 살아왔다"라고 했던 걸까.
왜 넌 나에게 "그런 말 한 적 없어"라고 했던 걸까.
왜 넌 다음 날 모든 걸 다 까먹었던 걸까.

내가 뭐가 그리 미웠던 걸까.
5년이 지나 나에게 하고 싶었던 말은 무엇이었을까.

\#
있잖아, L, 나 좀 안아 줘.
오늘은 유난히 울고 싶은 날이야.

원래 마음이 서벅서벅 물렁해질 땐
주변에 나처럼 물렁해져 아파하는 이들이
눈에 더 잘 띄기 마련이잖아?
소중한 가족의 일부를 떠나보낸 누군가의 이야기에
오랜만에 숨쉬기 힘들 정도로 괴롭게 울었어.

이 괴로움을 어찌할 바 몰라서 억지로라도 들숨
날숨을 노력했어.

힘내자, 사랑해.
지금은 괜찮지 않더라도 언젠가 괜찮다고 말할 수
있는 네가 되길 진심으로 바라고 또 바라.
우리 같이 힘내자.

우리 이 세상 살아가는 동안
우는 날보다 웃는 날이 더 많길.

벚꽃이 지고 남은 향연

수신자 없는 편지 7

삶에 너무 능숙하지도
너무 서툴지도 않은 그 애매한 선상에서
너무 아프지도 너무 안 아프지도 않게
잔잔한 파도처럼 살게 해주세요.

가끔 내게 눈물도 주시고요.
다시 또 지혜를 주시고요.
그리고 가끔 또 내게 실수를 주세요.
가끔이요 가끔.

24 취향

옷장엔 옷이 그득하지만 막상 입는 옷만 입게 되고
안 입던 옷은 계속해서 안 입는다.
미련곰탱이가 무슨 바람이 들어선지 그 안 입던
옷과 가방을 전부 버렸다.

신기하게도 갈수록 옷장에 남은 것들과 좋아하는
것들이 엄마와 취향이 닮아간다.
작약과 들꽃, 풀냄새, 베이지와 하늘색,
린넨, 뛰어놀기 좋은 마당, 운동화.

비누향을 맡으며 코가 찡그려질 땐 마주 보며
찡그리게 되고 눈이 휘둥그레질 땐 또 마주 보며
휘둥그레진다.

설탕보단 자몽차 고기보단 신선한 날치알 초밥.
가죽보단 비치백, 꽃 가디건.

25 미움

할아버지를 보러 요양병원에 다녀왔다.
"할아버지 저희 이제 갈게요."

포옹을 하며 인사를 하는데 그 불투명한 눈가가
분명 촉촉해지는 게 보였다.

할아버지는 얼떨떨한 표정으로 말은 잘 못하지만
마치 "가는 거야? 가지 마…"라고 하는 듯해 보였다.

나 두고 가지 마. 외로워. 나 외로워.
슬퍼. 무서워. 혼자가 무서워.

\#

L, 오늘따라 힘들어 보이네.

너 그거 너무 악바리를 오래 써서 그래. 지치지?

이젠 좀 내려놓고 싶다가도 두려워서

다시 날 세우는 거지?

이제 그만 내려놓아도 돼. 고생했어.

그 누구도 너 보고 증명하라 하진 않았지만

그토록 증명해 내고 싶었던 건 너 자신이었겠지?

모르겠으니까 무서우니까- 두려우니까

그런데 넌 말이야, 정말 특별해.

진짜로 멋있어.

수신자 없는 편지 8

있잖아 L, 난 너랑 여행을 갈 거야.

아침엔 조깅을 하고 식사를 마치면 차를 마시고
여기저기 돌아다니며 사진을 찍을 거야.
길거리 음식도 먹고 마사지도 받을 거야.

날은 따듯했으면 좋겠다.
그리고 밤은 선선했으면 좋겠다.

포장해 온 음식을 들고 대충 가운을 걸치고
바깥바람 쐬면서 물처럼 술술 들어가는 술을 마시며
발그레해진 얼굴로 자그마난 기념품을 사러
시내로 나갈 거야.
그리고 너에게 안 어울리는 하찮고 귀여운
기념품을 사 부적이라고 갖고 다니라 할 거야.

다시 집에 들어와 샤워를 하고 포근한 침대에
다이빙을 하며 같이 잠들 거야, 그렇게 하루를
마무리할 거야.

다음 날엔 앤틱한 야외 스파에 가서 물놀이를 할 거야.

컵라면도 먹고 슈퍼에서 이런저런 재료를 사다가 요리도 할 거야.

잔잔한 음악을 틀며 깊은 대화도 나누고 시답잖은
베개 싸움도 하고 또 낯간지러운 말도 할 거야.
그러다 이제 그만 자자며 곯아떨어질 거야.
그리고 너 코 골면 콧구멍 확 막아버릴 거야.

오 저거 봐, 별 이쁘다.

꿈을 품은 공허

\#
있잖아, ㄴ,
나 모래성을 쌓고 있다가
꽤 오래 이 행위에 집착하게 됐는데

"내가 뭘 위해 이걸 하고 있었더라?"

싶을 때마다 다시 되새기고 되새겨 집착을
증폭시키곤 했다? 그러다 물 같은 애가 들어왔는데
얕아서 얕봤는데 모래성 바닥이 살짝 부식된 걸
보고 화가 치밀어오ㄹ!!!@2#~!~

아니다, 화는 아니고 뭐랄까?
슬펐어.

해방감이었다.
왜 그토록 몰랐을까, 난 이걸 그리워했구나.
계속 기다려왔구나.

어쩌면 이 공든 탑을 드디어 멈출 수 있겠구나.

나 이제 조금은 알 것 같다.

폐허 모래성

26 안주

봄은 진득이 묻어났고

여름은 어지러이 헤집었으며

가을엔 쌓여가다

겨울에 묻어버렸다.

27 원망

할아버지의 부고 소식이 들렸다.

: 사랑이 고프고 사람을 그렇게 고파했던 당신!
　이제는 천국에서 예수님 사랑 듬뿍 받으세요!

입관식 때 옆에 한 할머니가 하시는 말에 머리가
띵 하얘지더니 도무지 눈물이 멈추지 않았다.

그래 할아버지도 얼마나 참 외로웠으면
얼마나 사랑이 그리우면 그러셨을까

어렸을 때는 아무리 이해해 보려 노력해도
이해할 수 없었던 모순적인 것들에 대해서
그날 그 할머니의 말로 내 안의 모든 질문은 사라졌다.

수신자 없는 편지 9

브레이크가 걸렸어요.
더욱더 자주 걸리게 해주세요.
마냥 폭주하지 못하게 해주세요.
갈망을 기도하면 결과를 내오고
보상을 기도하면 시련을 내주세요.

28 희망

굳건히 움츠린 봉우리를 차츰 깨워서 꽃잎을
열었다. 향긋한 향을 드리고 싶었다.

어디에서도 맡아보지 못한 따듯하고 근사한 좋은
향을 드리고 싶었다.

이리 이쁘게 내려놓으면 언젠가는 오시겠지요.
내 힘이 닿는 데까지 활짝 피어 기다려볼게요.

그런데 나는 언제까지 착오를 겪고
착각을 해야 하나요?

29 세상

초등학교 저학년 때 할머니는 내게 술을 마시고
담배를 피우면 지옥을 가니 절대 하지 않겠다는
서약을 하라고 하셨다. 나는 아무것도 모른 채
서명을 했고 그 계약은 중학교 3학년 때 깨졌다.

나는 진심으로 이제 나는 지옥에 가는 줄 알았고
어차피 지옥 갈 거 미운 사람을 죽여도 괜찮은 건가
하는 생각이 들었다.

시간이 지나 그것은 잘못된 교리였다는 것을 알게 되었고
잘못된 교리임을 앎에도 침묵했던
부모님을 원망했다.

할머니의 귀신을 내쫓은 이야기,
꿈에서 신의 계시를 받은 이야기,
사단이 귀에다 속삭였다는 이야기 또한
어쩌면 전부 거짓이었다는 걸

그렇게 무너진 내 세상은 꽤 오래 폐허였다.

30 판단

나를 도전해하고 싶은 사람 말고
나를 좋아해 주는 사람을 만나라고 선생님은 늘 말씀하셨다.

나는 그 둘의 차이를 구분하기 참 힘들었다.
선생님은 도전과 좋아함의 차이가
다음 스테이지를 가려 하느냐
혹은 내게서 머무느냐인 것 같다고 하셨다.

31 불신

어머니가 말씀하셨다.
산은 높을수록 능선 또한 깊다.

수신자 없는 편지 10

있잖아, L, 살아보니

내 기쁨을 나눈다고 다 축복해 주진 않더라.
내 슬픔을 나눈다고 다 안타까워해주진 않더라.

누군가는 내 기쁨에 괴로워하고
누군가는 내 슬픔에 약점 삼아 지겹도록
발목을 잡고 늘어지더라.

내게 죽는 방법을 알려즈며 꼭 죽어달라고 했던
그 익명 DM이 알고 보니 내게 처음으로
손을 건네줬던 언니였다는 게 가끔 기억나곤 해.

너는 절대로 그런 기분 느끼지 않았으면 좋겠다.
너는 절대로 그런 사람과 마주할 일 없으면 좋겠다.

32 이기심

텅 빈 집 안에 쫑이와 단둘이 남아 울던 때가 있었다.
그럴 때마다 항상 쫑이는 가깝지도 멀지도 않은 거리에
엎드려서 곤히 날 쳐다보았다.

어느 날 너는 내게 가까이 와서 불안한 듯
반복해서 서성거리고 내 허벅지를 핥아주곤 했다.

그날은 아직도 생각이 난다. 배달음식을 받으러
문을 열었고 너는 목청이 찢어져라 울부짖었다.

소심하고 그렇게 조용한 아이가 지금껏 15년간
그런 괴기한 소리를 내는 건 처음이었다.
피를 토해내듯 괴성을 질렀다.

그때 정신이 확 들더라.
너두 너무 무서웠던 거야.
누가 우리 언니 좀 봐달라고.
우리 언니 좀 살려달라고.

그 이후로 쫑이가 눈에 자꾸 밟히고 더 각별해졌다.

너는 곧 나를 엄마보다 더 엄마처럼 대해줬고

아침엔 코로 비벼서 문을 열고 톱톱 마룻바닥에
부딪히는 발톱소리로 내 잠을 깨워줬다.

흥미 가득한 까만 눈동자로 빤히 쳐다보며
궁둥이로 실룩실룩 놀자는 신호를 줄 때면
내 것을 다 내어주고 싶었다.
너가 환하게 웃기만 하면 내 희생은 무엇보다
값졌다고 자부할 수 있을 만큼 소중했다.

너에게 마음 쓰는 하나하나가 너무 소중한 것이었다.
어쩌면 이것을 사랑이라고 하는구나.

33 원망

엄마랑 오빠 셋이 모여 식사를 하다 옛날이야기를 나눴다.

사실 내가 너무 미웠다던 엄마.
내가 죽겠구나, 라는 심정으로
하늘만 쳐다보며 뛰어왔다던 오빠.

대가 없는 희생과 사랑을 준 사람에게
실망을 안기게 했던 것에 쏟아진 눈물은
지금껏 쏟아낸 것과는 전혀 다른 기분이었다.

사죄였다.

이들에게 평생 사죄함을 약속함과 동시에
나 또한 L에게 엄마와 오빠 같은 사람이 되고
싶었다.

\#
있잖아, L, 그래도 우리가 아직도 이렇게 건강한
꿈을 꿀 줄 아는 것에 난 참 감사해.

34 흥미

"쎄하다"
이 기분은 동물적 감각이니 꼭 믿으라곤 한다.
사실 나는 이 쎄하다는 것과 흥미롭다가 너무
비슷해서 구분하기 어려웠다.

며칠간 치우지 않은 음식물을 두고 현대미술이라고
하는 너의 말이 흥미로웠고 서랍을 여니 우수수
이름 모를 알약들이 떨어지는 것에 심장 박동수가
빠르게 뛰었는데
이 기분 또한 흥미롭다, 라고 속아버렸다.

또 대놓고 쎄함은 구분이 쉬운데
부드러움이 수인 쎄함은 구분이 참 어려웠다.
정말 다시 되돌아가도 모를 것 같다.

그래도 그 미세한 쎄함은 틀린 적이 없어서
다행이었지만 슬펐다. 나도 가끔은 틀리고 싶었다.

수신자 없는 편지 11

드세지지 않은 너가 부럽곤 했다.

뷔페 알바를 하던 중 두 살 남짓한 아기와
부부 손님이 들어왔는데 아기가 먹다 떨어진
음식을 닦아달라는 요청에 걸레를 들고 왔다.
부부는 자리를 비켜주지 않았고 결국 고민하다
기어서 그 테이블 밑으로 들어갔다. 부부의 신발을
피해 가며 사이사이 떨어진 음식물을 닦아냈다.

고개를 드니 입가에 죽을 묻힌 아기가
유아용 의자에서 날 빤히 내려다봤다. 쪽팔렸다.

내 이야기를 들은 넌 그런 거 왜 하냐며
나는 그런 거 못한다고 힘든 일 아니냐며 해맑게 웃던 모습에
화가 났고 지금 와서야 생각해 보면 나는 너가 부러웠다.

정확히 말하자면 그런 일을 안 해도 되는 네가
부러운 게 아니라 그때의 내 기분이 어떤 기분인지
모르는 네 모습이 부러웠다.

35 행복

나는 술을 마시고 싶었지만 전날 투자 자리에서의
숙취로 괴로워하며 밀크셰이크를 쪽쪽 빨아먹는 널
보자니 술은 먹고 싶지 않았다.
영화보다 잠들어버린 네 모습을 보니 조용히 담요를
덮어주고 싶었다.

하루에 서너 시간밖에 못 자고 냉동 곤약으로 끼니를
대충 챙겨 먹는 널 보며 너가 건강하길 빌었다.
바랄 뿐만 아닌 도와주고 싶었다.
내가 할 수 있는 것들을 찾아보곤 했다.
오랜만에 요리 실력을 발휘했다. 데워 먹기만 하면 되는
밀키트 형식의 도시락이었다.

하지만 넌 내 도시락 음식은 물론 뚜껑조차
열어보지 않았다. 나는 네가 내 음식을 먹고 나오는
탄성을 보고 싶었다. 난 야식으로 이걸 같이 먹자고
했지만 너는 그건 좀 그렇다며 날 위해서 고기를
사주겠다 했다.

소금구이, 양념구이, 간장구이. 둘이 먹기엔 너무
오버스러운 양이었다. 풍족스러워도 난 하나도 맛이 없었다.

그렇게 내 도시락은 영영 그 냉동고에서 꺼내지지 않았다.

: 그렇게까지 해서 뭐가 되고 싶어?
 이미 많은 걸 이뤘잖아.

: 일론머스크가 될 거야. 다들 나를 우러러봤으면 좋겠어.
 아는 형, 동생들이 나를 안다면서 어딜 가나 자랑하고
 싶어 하는 그런 사람이 되고 싶어. 난 1조를 모을 거야.
 우리나라에 100억 있는 사람은 많아도 1조는 극소수잖아.

: 근데 궁금한 게 있는데 너는 괜찮아?

: 아니.

수신자 없는 편지 12

너는 폭주하는 기관차 같아. 목적지가 어디냐
물어봐도 "알 거 없어!" 하며 쌩 하고
브레이크 없이 앞으로 가는.

그 목적지는 마치 유토피아 같아서 기관차 자신도
그 존재에 대해 "이상"이라고만 표현할 뿐
잘 모르기에 신나 보였그 잘 모르기에 또 예민하게
달려가는

많은 사람들이 가고 싶어 하는 그곳까지
잘 도달하길 응원해. 너라면 잘 해낼 거야.

다만 바퀴도 좀 갈고 나사도 좀 바꾸는 건 어떠니.
나는 왜 너가 가다 한 큰 회까닥할 거 같을까.

한강뷰 아파트면 뭐하니. 그렇게 부엌이 쓰레기장인데.
그리고 음식물은 변기통에 버리는 거 아니란다.
그러니까 게스트 화장실이 그 지경이지.

아무튼 너에게 잘 맞는 정비사를 꼭 만날 수 있길.

36 기대

생일을 누군가와 같이 보낸 적이 있는가를
세는 게 더 빠를 듯한 나의 생일은

26번째를 기념해 1인 스시 오마카세를 다녀왔다.
첫 코스 요리에 나도 모르게 긴장이 돼서 주먹을
꽉 쥐었다.

몰래 맛있는 걸 먹는 듯한 이 여유는
굉장한 긴장감을 안겨줬다. 음식은 씹을수록 슬펐다.
사실 엄청나게 맛있었다면 그 죄책감이 더 컸을 텐데
생각보다 별거 없어서 안심했다.

캔버스를 사들고 무엇을 그릴까 고민하다
내 탄생화를 그렸다.

: 생일인 겸 탄생화를 그렸어요. 마음에 들어서
 살짝쿵 자랑하러 톡방에 올려봅니다.

: 탄생화 의미는 뭔가요?

: 붉은 양귀비 꽃말은 위로, 위안, 몽상이라네요.

: 위험한 거네요.

: 어떤 손길이 닿느냐에 따라 그러겠네요.

: handle with care.

handle with care

수신자 없는 편지 13

김창옥 선생님의 강의 중 인상 깊은 말이 있었어.

"사람이 고생 많이 해서 억울하지 않다.
마중 나와주지 않아서 살다 보면 서럽다."

있잖아 L, 우리 아무리 난다긴다 하며 살아도
집에 왔을 때 아무도 마중 나와주지 않는 삶 살지 말자.

그거 너무 무섭다 야.

37 경솔

할머니 별명은 절뚝발이였다고 한다.

: 어디 갔다가 이제 오니?

: 경비실~ 할머니가 문 안 열어줘서 택배기사가
  부재중이라고 경비실에 택배물 뒀나 봐.

: 그거 안 열어준 거 아니여. 할머니 걸음이 느려서
  제때 못 열어줘서 그런겨.

"내가 옛날에는 무용단에도 들어갈 수 있는 기회가
있었는데 이 다리 때문에…"

"그 야가 절뚝발이라고 놀려서 그 야 집을 찾아가서
혼쭐을 냈는데 말여!"

"선생이 이 다리 때문에 학교를 못 들어가게 하는겨.
그래서 내가 교장 선생님을 찾아가서 말여, 그냥 확"

"내가 옛날에 저 멀리 미국으로 갈 기회가 있었는디
말여? 이 다리 때문에 가질 못했어…."

할머니는 가끔 이렇게 혼잣말을 하다가 조용히
흐느끼기도 했다. 그 소리는 마치 자다 깬 아기가
엄마를 부르는 듯 누군가를 애타게 부르는 것만 같았다.

이제 막 동트던 새벽, 잠결에 문틈 사이로 보이던
할머니는 십자가 막대기를 손에 쥐고
"그래도 감사했습니다"라며 기도드리고 있었다.

그땐 그 의미를 잘 몰랐다.

38 아량

야식이 땡길 땐 브로콜리에 초장 찍어 먹는 상상을 하라곤 한다.
땡기면 진짜 배고픔, 안땡기면 가짜 배고픔이라고 한다.

맛없을 것 같았다.
그래도 떡볶이가 먹고 싶었다.
그렇지만 장바구니에 담긴 14,000원을 결제할 순 없었다.
나는 2주 동안 18만 원으로 버텼어야만 했다.

고생한 나를 위해 무언가를 해주고 싶은데
무언갈 해줄 돈이 없으니 떡볶이에 대한 갈망은 더 거세졌다.
결국 엄마에게 부탁을 했다.
흔쾌히 돈을 보내줬다.
잠이 왔지만 필사적으로 참고 뚜껑을 열어 먹었다.
너무 맛있었다.
그렇지만 서너 젓갈 깨작거리다 금방 배가 불렀다.
알고 있었지만 나는 배가 고프지 않았다.
배불러도 꾸역꾸역 욱여넣었다.

엄마는 자야 하니 이제 그만 먹어도 된다고 했다.
젓가락을 내려놓았다.
슬펐다.
나는 그 말을 너무나 그토록 기다리고 있었다.

\#
오랜만이야, L, 이걸 볼 때쯤 너는 요즘 어떠니?
나는 뭐랄까 좀 살 만해졌그 또 고독함도 좀 익숙해졌어.
아닌가? 아무튼 너도 너대로 너의 삶에 대한 책임감이 꽤
무거워서 거기서 몰려오는 이면과 뒷면을 달라고 있겠지?

얼마나 고생했겠니, 정말 힘들었겠다.
얼마나 힘들었을까, 정말 힘들었겠다.
얼마나 수없이 밤을 새워가며 고민한 괴로움과
딛고 삼킨 한숨이 좁디좁은 목구멍을 넘어가며
멍든 기분으로 잠들었을까.

그렇게 올라왔고 또 올라가려는 길엔
너를 기다리는 넘어야 할 산들이 수두룩 보이고
그래도 넌 또 아무렇지 않게 넘어갈 채비를 하는구나.

정말 고생했어. 이리 와, L

앞으로도 힘내는 기만일 거야.

수신자 없는 편지 14

사실 나도 책임져야 할 무게가 내겐 너무 커서
아무도 모르게 몰래 울었어.
눈물은 흐르지만 숨은 먹고 또 삼켰어.

고생했다기보다 잘했어? 를 먼저 듣고
결과가 나오기까지 잠자코 침묵하는 주위에서
나도 누군가가 보듬어주길 바라며 기대고 싶었어.
그런데 또 함부로 기댈 순 없어 여기저기를
배회하다 결국 다시 제자리로 와버렸네.

넘어야 할 곳에선 나를 기다리는 두려움이 눈에 보여.
무서워 무서워 나 너무 무서워

그래도 그것들을 그악스럽게 피부에 묻혀 적응시키고 있어.
그래도 난 계속해서 다음 채비를
준비할 거야.

앞으로도 힘내라는 말은 기만일 거야.

39 걱정

그녀는 매번 탈 많고 상처받는 연애를 해도
다음 사람에 대한 주의 없이 매번 첫사랑인 것처럼
경계심 없이 사랑을 하는 사랑꾼이었다.

연애 고자인 난 훈수랍시고 조심하라고 하지만
사실 부러웠다. 저게 맞는 것 같아서.

허물없이 퍼주고 아껴주다 좋지 못한 결과를
마주했을 때 그 시간들이 부정당한 것이 괴로울까
아니면 경계심 갖느라 결국 놓친 인연에
미련 가득한 그리움과 후회에 쌓여가는 삶이 더 괴로울까?

경험상 그렇게 곪아 터질 대로 터진 미련곰탱이들을 봤는데
그리 선망되는 감정은 들지 않았다.
외로워 보였고 어딘가 쓸쓸해 보였다.

그런 것보단 차라리 드이그 철없네 소리 듣고 싶다.
그게 더 나아 보인다.

40 불신

위엄있는 자태를 뽐내는 소나무 숲을 보며
멍때리자니 회포를 풀기 좋았다.

나무는 이제 위가 아닌 옆으로 자라고 싶어했다.

"우리를 봐, 괜찮아."

수신자 없는 편지 15

너는 오는 사람 안 막고 가는 사람 안 잡는다고 했다.

나는 너가 오는 사람은 잘 판별하고 가는 사람은
되돌아봤으면 했다.

41 욕심

내 사주엔 화개살이 껴있다고 한다.
화개살이란 비유를 들자면 화려한 꽃이 상자 안에
덮여져 있는 것으로 새어나오는 향기에 이상한
똥파리가 잘 꼬여 인생의 우여곡절이 많다는
특징이 있다고 한다. 따라서 결국 머리를 밀고
산으로 들어가 스님이 되는 팔자라고도 불린다.

난 이 말이 참 위로가 되었다.
그래 어쩌면 화개살 때문에 이리 고단했나 봐
어쩔 수 없었네 하고

스님을 만나보고 싶었다.
차와 딸기, 떡으로 소박한 차담 시간을 갖고
108배 절을 하기도 했다.
딱히 어떠한 종교 행위를 한다기보단
나와 비슷한 팔자를 지녔다는 사람들의 공간이 궁듬했다.

스님은 윤회에 대한 이야기를 해주셨다.
삶은 고통의 굴레고 해탈과 열반의 경지에 올라
고통의 수레바퀴인 윤회에서 벗어날 수 있다고 하셨다.
순간 홀린 듯이 머리 밀어달라 할 뻔했다.

있잖아요, 스님, 저는요, 다음 생엔 허허벌판의 많고많은
풀떼기로 태어나고 싶어요. 거기서 다 같이
포개져서 흔들리고 싶어요.

수신자 없는 편지 16

가끔은 거친 바람, 사나움도 오겠지만
또 상냥하고 기운찬 바람도 오고 가고 하겠지.
너의 행복을 빌어.

eternal flower

42 신앙

모태신앙인 난 유아부 초등부 중등부 17년을 걸쳐
교회를 다녔는데 중등부부턴 예배실에 들어가는 척
다시 되돌아나가 엄마가 준 헌금 1000원으로
피시방을 가곤 했다.

온 가족이 말씀에 순종했지만 난 돌연변이였다.

학교를 가야 하는 월요일을 기다리는 일요일은
똥 마려운 강아지마냥 내 다리를 달달 떨게 했는데
대뜸 그 모습을 본 교회 선생님은 "왜 그러니"가 아닌
"하나님이 다 지켜보신다"라며 혼을 냈다.

그 뒤론 틈만 나면 내 등에다 대고
"하나님은 널 사랑하셔."
"하나님은 다 이해하셔."
"나는 널 사랑해, 나는 널 이해해"라며 속삭였다.

결국 박차고 일어나 선생님에게 화살을 쏘았다.

"니가 뭔데 나를 사랑한다고 해.
니가 뭔데 날 이해해.
뭐 나한테 뭘 물어보기라도 해봤어?
그리고 하나님이 뭔데,
니들은 신이 있다고 생각하냐?
지가 뭔데 날 사랑한다고 해.
날 사랑하면 왜 날 이 지경으로 왜 두는데!"

그 뒤로 나의 헌금 빼돌리기는 전부
크레이지 아케이드 캐시로 들어갔다.
날이 갈수록 내 마리드는 화려해졌다.
빵빠래, 샤샤샥, 물풍선, 옷, 가발, 표정…

신기하게도 이 짓거리는 3년 동안 지속되었는데
한 번도 들키지 않았다.

43 방황

매 순간 그녀를 조여 온 괴롭힘은 끊임없이
그녀에게 잘못 살아가고 있는 것의 결과라고
타이르는 것 같았다.
정신 차리라고, 삶에 대한 태도를 좀 바꿔보라고
세상이 내게 귓속말하는 것 같았다.

그녀는 그 뒤로 선비처럼 행동하지 않았다.
옳고 그름을 판단하지 않았다.
내게 이득인지 손해인지부터 따져보았다.
정립이 안 된 관계들을 이어나갔다.

2년이 지났을까, 과연 그녀의 삶은 부디 편해졌을까.

완치됐던 공황은 다시 도졌고 1,000명가량의
연락처 중 의미 있는 연락처는 단 하나도 없었으며
낮밤은 바뀌었고 멍하니 누워 샹들리에를 쳐다보며
다 마신 빈 병 개수를 세우는 하루가 부지기수였고
일기는 공백이 되었다.

: 어때? 이렇게 살아보니까?

: 이제 와서야 묻는 거니? 그래 뭐 물어볼 때 됐지.

　음… 틀린 거 같아.

: 이번 건 틀렸어?

: 응, 그런 거 같아.

: 기분이 어때?

: 허무했어. 고작.

　그래도 한편으론 다행인 것 같아.

: 왜 다행이야?

: 다시 거기로 가도 될까?

: 그럼 얼마든지. 참 길었다, 그치?

　아직 네 자리 안 치웠어.

: 그러게 여전하네. 가자, 이만하면 됐다.

: 미련은 없어?

: 응, 없어. 지겨워.

: 챙길 건 없어?

: 응, 몸만 가면 돼. 남은 거 없어.

: 가자.

: 응.

44 겉치레

내 손은 꽤 거칠고 뼈마디가 굵어 이쁘지가 않았다.
이상하게 남에게 손을 보여주는 게 부끄럽고 항상
숨겨왔다.

잘 보이고 싶은 사람이 생길 땐 네일아트를 했다.
잘 보이고 싶은 사람이 없어지면 다 떼어버렸다.

어느 순간부턴 네일을 하고 싶은 생각이 없어졌다.
내 손이 못생겨도 나름 밉진 않더라.
손은 중요하지 않아졌나 보다.

흔쾌히 건네진 못해도
나도 네게 손을 건넬 수 있게 되었다.

45 미움

눈물을 떨구며 내 손을 잡곤 말했다.

"너는 아빠랑 참 많이 닮아서
나는 세상에서 너를 가장 사랑해."

우리는 서로를 볼 때 꽤 닮아서
너무나 괴로웠고 너무나 사랑했다.

우리는 그간 못다 한 화해를 했다.

"딸내미가 아빠를 많이 닮았네."
난 이 말이 참 영광스러우면서도 짜증이 났다.

"한때 조금 괴팍했지만 자식 새끼들에게 부족함 없이
살게 해주고 싶었던 성공의 아버지!"

그의 타이틀은 곧이어 나의 모든 성공은
폭주 기관차 같던 아버지를 닮아서라는 사유가 되었고
폭주 기관차였기에 누군가를 울리게 만든 것에도
아버지를 닮아서라는 사유로 정리되었다.

아버지는 늘 나의 지혜로운 선택에
날 닮아서 그래, 라는 뿌듯한 정의를 해주었고
아버지는 늘 나의 어리석은 선택에
날 닮아서 그래, 라는 원망스러운 정의를 해주었다.

나의 모래성 쌓기는 어쩌면 나를 거울로 여기지
않을 때 실패할 수 있지 않을까.

닮아서라는 정의가 아닌 나로서 어리석은 선택을
한 것이라 정의받고 싶었다.

나는 이제 그만 당신을 사랑만 하고 싶어요.

파편의 재회

46 기회

: 엄마, 얘 누구야?

: 몰라.

: 엄마, 얘 누구야?

: 몰라.

: 엄마, 얘 누구야?

: 손녀 시은이.

저 창문 너머 같은 달을 보며 요양원에서 잠이 오길 기다리며
껌뻑껌뻑 시간을 헤아리고 있을 할머니.

기억을 못 하는 건 꽤 괴로울 테지만 어쩌면
할머니에게는 이제서야 평온해질 수 있는 시간이 생기지 않았을까
감히 아주 감히 오만한 생각을 해보아.
주섬주섬 기억에서 가다듬어지는 할머니의 일제 시대 이야기,
교회로 피난 갔던 사람들의 이야기, 다리 보고 놀란 사람들을
혼쭐낸 이야기, 학교 교장 선생님을 찾아갔던 이야기, 예수님

이야기.

그땐 그 절뚝발이 이야기가 영웅담같이 들렸는데
지금 와서야 난 그게 슬픈 이야기였다는 걸 알았어.

할머니의 그 억세고 드센 모습이 참 싫었는데
못다 한 말 끝에 쌓인 세월의 흔적이란 걸 이제야 알았어.

하필 이걸 알았을 때 할머니의 기억은 드문드문해져 있네.
할머니의 이야기는 어째서 내 이야기와
비슷한 한 줌을 지녀 나를 이리 옥죄게 만들까.

난 왜 이렇게 이제 와서야
할머니와 이야기를 나누고 싶을까.

많이 아팠지. 이해해 주지 못해서 미안했어.
잊어버려줘서 고마워. 너무 미워해서 미안했어.
다른 건 몰라도 내 이름은 기억해줘서 고마워.

좋은 꿈 꿔.

\#

있잖아, L, 우리는 꽤 이해할 수 없는 것투성이다?
"왜 그땐" 그런 것들투성이.

지나간 세상에다 여전히 던졌던 물음표는
어느덧 먼지가 쌓여 들여다본 지 꽤 된 듯하지만
그래도 가끔은 의도치 않게 스쳐 지나가는
실루엣에 흐으음 하며 잠시 멍때리곤 해.

왜 그땐
왜 그때엔

근데 그렇게 굳어진 게 가끔 다시 이렇게 잠기기도
하는 걸 보면 이제 난 굳지 않는 바다가 된 것 같아.
지금처럼 굳다가 녹고 녹다가 굳고
보다가 덮고 덮다가 보고 그러려고.

47 안주

따분함은 항상 그리우면서도 적적했다.

신은 과연 어느 장단에 맞춰야 하는지 진절머리가
났을 것이다.

"제발 나 좀 숨구멍 트이게 좀 해주세요!
어쩜 이리 삶이 전쟁터 같나요!
나 좀 내버려두세요!"

"방치해서 피 말릴 작정이세요?
어쩜 이리 내 삶에 아무런 사건이 안 일어나요?
심심해 죽겠어요!"

48 방황

탈은 항상 나며 해결해야 하는 미션과 수행이
그득해도 마음은 온화하고 잔잔한 이 정반대인
겉과 안의 조화가 비로소 행복이라 말해주는 걸까.

행복은 꽃처럼 지고 또 피는
잠시 머물다 가는 존재가 아니었다.
사실은 뿌리였다.
떠나가지 마라 붙잡아야 하는 것이 아닌
이 안에 계속 머물 수 있었던

이 뿌리가 자리 잡아 내었다면야 줄기 또한 도망가지 않으니
꽃과 열매 또한 도망가지 않더라.

내 뿌리의 근간은 어머니와 아버지 그리고
형제자매, 따듯한 음식과 안락히 쉴 수 있는 집
서로가 서로의 세상을 위한 기도를 나누고
두 손 모아 지혜를 갈망했던 17년간의 예배 자리가

내겐 뽑고 싶을래야 뽑을 수 없었던
내 발목을 붙잡고 끈질기게 괴롭혀왔던
내 감사한 뿌리였다.

49 질문

"마작은 뭘 가져오는지보다 뭘 버릴지가 가장
중요한 게임입니다."

문화센터에서 열리는 마작 입문반에 들어갔다.

"아, 저 패 괜히 버렸다."
"아, 저 패 버리길 잘했다."

나는 원하는 그림을 만들기 위해 계속해서 패를
고민하며 버렸고 이 게임의 룰이 참 좋았다.

: 애기는 아침부터 여기서 뭐해? 애기는 인기 많을
  것 같아. 이상형이 뭐야?

: 리더 같은 강한 사람이자 가정적인 사람이요.

: 어머, 둘 중 하난 포기하렴.

물을 무서워하건 초등학생 시절 아버지는
물은 무서운 거 아니라며 목 끝까지 차오르는 곳으로

나를 데려가곤 하셨다. 물거품을 뿜으며 정신을 잃으니
물가에 데려가지 않았다. 고속도로에서 화장실을 가고 싶다고 하니
차를 돌려 어떻게든 화장실에 도착하게 해주었다.
붕어빵 아이스크림을 잘 먹는 내 모습에 20년간
붕어빵 아이스크림만 사오신다.
아무리 "중요한 자리"라 해도 항상 집에 들어와 잠드셨다.
주말에는 엄마를 위해 설거지를 하고 청소기를 돌렸다.
아빠는 자기가 알아온 취나물 파스타 레시피가 기가 막히다며
신나게 요리를 했다.
어디 가서 어른들에게 소주 따를 때는
그렇게 하면 안 된다며 혼내셨다. 힘든 건 없냐고 물어봤다.
그 사람은 글러먹었다며 가까이 지내지 마라 당부했다.
내가 하고 싶은 일이라면 뭐든 도와주겠다 했다.
이 정도밖에 해줄 수 없어서
너무 미안하다고 했다. 항상 내 편이라고 했다.
기다려준다고 하셨다. 항상 사랑한다고 했다.

나는 이런 사람을 리더이자 가정적인 사람이라
말한다.

\#
있잖아, L, 살아보니 온전히 누리는 것만큼
괴롭고 건강한 건 없더라.

나의 쉼터가 되어준 화장실 변기, 침대 뒤, 보건실
도망칠 곳이 없어 누렸어야만 했던 시간이 나 겐
너무 괴로웠지만 그 속에서 곱씹어 볼 수 있었던
게 많았거든?

근데 그렇게 곱씹어져 생긴 게 시간이 지나면 좀
사그라들 줄 알았는데 지워지기는커녕 문신처럼
새겨지더라.

그것은 문신을 넘어서 삶의 원동력이 되어 주었다.
이 원동력은 내게 초월적인 힘을 내게도 하지만
양날의 검이 되어 나를 허치기도 했다.

언제든 나는 나에게 검을 겨눌 수 있는 존재라는
걸 인지해야만 했다.

50 가출

: 딸, 크리스마스에 뭐 하니?
: 계획은 없지만 분명 뭘 할 거야.
: 그때 가서 뭐 없다면 같이 교회 갈래?
: 그래요, 뭐 없으면.

이런 젠장 나는 그날 뭐가 생기지 않았다.

8년 만에 가본 교회는 많은 게 바뀌어 있었다.
교회 선생님에게 화살을 쐈던 분홍색 의자는
아직 그 자리에 있었다.
예배실을 몰래 나와 멍 때려 앉았던 공간은
카페가 되어 있었다.
아이들이 바이올린을 배우고 나오던 복도는
미팅룸과 플레이룸이 되어 있었다.
정처 없이 오르락내리락했던 계단은
1953년 설립기부터의 역사가 담긴
사진 전시로 화려하게 장식되어 있었다.
70미터가량의 높은 첨탑 사이에 앉아 있던
비둘기들은 이젠 보이지 않았다.
이층에서 바라본 성곽 풍경은 여전했다.

다신 열어보지 않겠다 다짐했던 성경책엔
내 이름을 향한 수많은 기도 제목이 세월을 타
노랗게 바래져 있었다.

"방황의 끝이 오직 예수님이길"

엄마는 가죽이 다 떨어져 나간 이 해진 성경책
사이로 얼마나 많은 눈물자국을 담아냈을까.

나 왔어요.
오랜만이네요.
나 어때 보여요? 얼굴 좋아 보이죠?

\#

  : 어디서 주워들었는데 귤껍질 까기 전에
    조물딱 조물딱하잖아. 그렇게 하면 귤이
    스트레스를 받아서 에틸렌이라는 성분을
    뿜어내는데 그게 단맛을 더 극대화시킨대.

  └ 너의 삶이 귤이라고 하면 수많은 조물딱으로
    스트레스를 잔뜩 받아와도 너의 삶은
    그 누구보다도 달 거야!

L : 달아져서 뭐 해.

  : 내가 먹을 거야, 옴뇸뇸.

L : 뭐야, 나 결국 먹히기 위해 태어난 거?

  : 나는 달아진 너를 먹을 거야.
    그럼 너도 달아진 나를 먹어.
    너 못지않게 나도 정말 최고의 단 귤이야!
    단 걸 먹으면 행복해지잖아.
    소중한 사람에게 행복을 안겨주는 것만큼
    중요한 인생의 숙제는 없지 않을까.

해방

2011년 열세 살에게

어우, 멀다 멀어.
나 너 찾아오는 데 굉장히 힘들었어.
2024년은 2023년으로 가라 하고
2023년은 2018년으로 가라 하고
2018년은 또 2015년으로 가라 하고
참나 어찌나 멀던지.
아무튼 돌고 돌아 드디어 너에게 답장하러 왔어.

.

왜 너는 그때
왜 나는 그때

를 거슬러 올라가다 보면
왜 엄마는 왜 아빠는 왜 할머니는 왜 할아버지는
왜 인간은 왜 신은?으로 끝나더라.

그토록 바라던 끝이라는 곳으로 도달해 봤는데
그 끝은 내가 사는 동안엔 알 수 없는 것이더라.

결국에 그 아래에 가지 쳐진 것들은
"어쩌다 보니"로 결론이 지어졌어.

다만 그 끝을 향해 도달해간 과정이 내겐 꽤 의미 있었어.

우리는 어차피
앞으로도 계속
그놈의 의미라는 것을 의해 살아갈 거잖아.

어때 만족스러워? 별로야?
나 그래도 너한테 답장하겠다고 14년을 헤매왔다.
아무튼 그럼 잘 있어라.

내 작별 인사가 꽤
꽤 오래 걸렸지, 미안하다.

보내주지 않아서 미안했어.
너무 오래도록 붙잡아둬서 미안했어.
난 네가 바라던 대로 이제 이곳을 떠날 거야.

넌 내게 이곳은 오래 머물면 안 되는 곳이라며
수없이 일러줬지만
차마 가여운 널 두고 발등이 떨어지지 않았어.
차마 가여운 너와 이곳에서 멈춰 살고 싶었어.

그래도 넌 내게 끊임없이 이곳을 나가라고 해줬어.

할 수 있다고 늘 흔들어 깨워줘서 고마웠어.

한 번 안아봐도 되겠니.
어쩌면 다가오는 이번 새해에 너는 드디어 열네 살을
맞이할 수 있겠구나. 너무 오래 기다렸지.

미안해
사랑해

에필로그

L을 찾기 위한 다짐으로 시작된 14년간의 일기장은
어느덧 내가 잃어버린 50가지 항목에 대한 나열과
보내지 못한, 보낼 수 없는 편지지가 되었습니다.

우리는 살아가면서 많은 걸 잃어버리는데
잃어버린다는 게 꼭 나쁜 것만은 아니더군요.
나는 그걸 잘 잃어버렸다고 표현합니다.

그대들도 잘 잃어버린 것들이 있나요?
혹은 다시 찾고 있나요.
나는 이 책을 먼 혹은 가까운 미래에 생길
L과 내 아이에게 꼭 주고 싶습니다.

사실 아이를 갖고 싶다고 생각해 본 적은 없었습니다.
이 험한 세상을 느끼게 하고 싶지 않았습니다.
세상이 내 딸을 울리게 만든다면야
애초에 세상에 나오지 않게 지키겠다면서요.

그런데 살다 보니 꼭 힘한 것만 있진 않더군요.
분명 좋은 것도 있었습니다.

인생이란 한 번쯤은 살아봐도 꽤 괜찮은 것 같다고
나는 스물일곱이 되어서야 이제 와서야 엄마에게
낳아줘서 고맙다는 말을 했습니다.

내 아이의 행복을 위해서라면 뭐든 하겠지만
분명 내 힘이 닿지 않는 곳도 있겠지요.

그러면 그 아이 또한 어느 누구처럼 외로울 겁니다.
나의 삶을 담은 이 책이 조금이나마 그 아이의
외로움을 달래줄 수 있을 거라 믿습니다.

어떤 건 잃었을 때 너무 아팠고
어떤 건 잃었을 때 너무 감사했습니다.

난 아직도 그 잃어버린 것들에 대한 사유를 전부
풀진 못했지만 뭐 어때요. 어쩔 수 없죠.

다만 다시 찾을 수 있는 건 꼭 찾을 수 있길.

잃어야 할 것들은 잘 잃어버리길.

그래서 더는 괴로워하지 않길.

바르게 버틸 수 있는 사람이 되길.

드세지지 않길.

드세져도 날 사랑해 줄 수 있길.

\#

참. 그리고 너를 위한 거창한 에필로그는 없어.

우린 곧 볼 거니까.

꼭 보자, L.